Silvia Kahn - Laurent Storck

MON ADO EST UN GROS NAZE

... mais je l'aime !

AUCUN ADOLESCENT N'A ÉTÉ BLESSÉ
OU TORTURÉ PAR LES AUTEURS
PENDANT LA RÉDACTION DE CE LIVRE.
(LE CONTRAIRE N'EST PAS CERTAIN.)

À nos ados :
Carla 14 ans, Nathan 16 ans, Ugo 17 ans, Yaël 18 ans.

Merci de nous avoir tant inspirés.

Sans vous, rien n'aurait été possible : vous avez été si créatifs pendant votre crise d'adolescence !

Mais soyons clairs : vous ne toucherez pas un centime d'euro sur la vente de ce livre, *NON PAS UN.*

Vous nous avez suffisamment ruinés en cours de rattrapage (non défiscalisés) de maths, physique, français, guitare, en frais d'orthodontie (non remboursés par notre mutuelle), forfaits mobile, Luna Park, poissons exotiques (merci Némo), parrainage du panda géant albinos du zoo de Chengdu, fringues de marque soi-disant indispensables à votre survie en milieu ~~hostile~~ scolaire, et nous en profitons pour vous dire que pour l'appel du banquier concernant l'utilisation frauduleuse de nos cartes bleues par un proche résidant sous notre toit **[Passage censuré par l'éditeur.]**

Encore merci !

ISBN : 978-2-822-20895-6
© 2014 Jungle
Jungle est une filiale de Steinkis groupe.

Première édition – Septembre 2014

Silvia Kahn - Laurent Storck

MON ADO EST UN GROS NAZE

... mais je l'aime !

Indispensable à tout adulte en contact avec un ado

JUNGLE!

DÉFINITIONS

L'adolescence vue par Le Petit Robert

« Période de la vie entre l'enfance et l'âge adulte pendant laquelle se produit la puberté. »

(Dis donc Robert, tu ne te foutrais pas un peu de notre gueule ?)

L'adolescence vue par les parents

« Atroce, j'ai cru qu'on ne s'en sortirait jamais, m'en parle pas, c'était l'enfer. »

L'adolescence vue par les ados

« Que de la merde,
mes parents sont trop des cons
et j'ai même pas de scooter… »

L'adolescence vue par les psys

« Une aubaine ! »

(Tu m'étonnes, entre le prix de la consultation et la durée de l'adolescence…)

L'adolescence vue par les profs

Ils ne voient plus rien,
ils sont en arrêt maladie.

TEST DE CONTRÔLE

POSSÉDEZ-VOUS UN ADO CHEZ VOUS ?

1. Quelqu'un, chez vous, pue car il ne se lave plus.

☐ Oui ☐ Non

2. Quelqu'un, chez vous, collectionne les rouleaux de PQ vides dans les toilettes.

☐ Oui ☐ Non

3. Quelqu'un, chez vous, parle une langue monosyllabique que vous ne comprenez presque plus.

☐ Oui ☐ Non

4. Quelqu'un, chez vous, se nourrit exclusivement de gâteaux et de sodas.

☐ Oui ☐ Non

5. Chez vous, quelqu'un s'habille comme une pute et ce n'est pas votre épouse.

☐ Oui ☐ Non

6. **Quelqu'un, chez vous, est pris de convulsions quand vous l'embrassez (et ce n'est toujours pas votre épouse).**

☐ Oui ☐ Non

7. **Quelqu'un, chez vous, fond en larmes même si vous ne dites rien.**

☐ Oui ☐ Non

8. **Quelqu'un, chez vous, regarde du porno sur son ordi au lieu de préparer son exposé.**

☐ Oui ☐ Non

9. **Quelqu'un est vautré chez vous (jamais assis).**

☐ Oui ☐ Non

10. **Chez vous, des vêtements disparaissent mystérieusement.**

☐ Oui ☐ Non

SI VOUS AVEZ PLUS DE 4 « OUI » :

Nous sommes désolés, un ado réside bien chez vous, un gros naze donc ! Pas de bol, ça passera… Comptez en gros trois à cinq ans de galère. ☹

(Si vous n'avez répondu « oui » qu'aux questions 1, 3, 7 et 9, ouf ! vous avez de la chance, il est possible que ce soit seulement une personne du troisième âge.)

VOTRE FILLE AVANT

Elle faisait de la danse, du piano,
des colliers de perles.
Sur les photos, avec son maillot
de bain rose et sa bouée canard,
c'était votre petit bonbon,
votre choupinette d'amour,
votre fifille à sa maman.

Là, elle vient d'entrer dans le salon
avec des bottes à clous,
un maquillage de « camion volé »,
une jupe plus courte que…
enfin trop courte,
un T-shirt à tête de mort moulant
une poitrine énorme et elle vous
présente son nouveau copain…
En larmes, vous hésitez entre
La Famille Addams, Scream
ou *Halloween* pour la décrire
à votre mari !

VOTRE FILS AVANT

Il était câlin,
il travaillait bien à l'école,
il parlait skateboard, billes,
cartes « Yu-Gi-Oh ! »,
il faisait même des meringues
pour sa mamie chérie.
Comme il était mimi
votre petit gars !

Maintenant, son jean
est en bas de ses fesses,
ses cheveux ressemblent à du raphia,
il appelle son père par son prénom,
il a oublié qu'il avait une famille
et sort en marmonnant
« j'vais voir mes potes »…
en claquant la porte !

LES 10 COMMANDEMENTS DE L'ADO

- **Tous les jours (ou presque) la gueule tu feras.**
  (Surtout quand vous êtes là.)

- **Toujours le contraire tu diras.**
  (Non, c'est pas vrai.)

- **De ta famille honte tu auras.**
  (Il y a de quoi !)

- **Toute l'année en T-shirt tu sortiras.**
  (Vas-y, j'ai rien à me mettre.)

- **Tous les soirs sortir tu voudras.**
  (Mais je rentre avant minuit !)

- **Tout ce qu'on ne peut t'offrir tu demanderas.**
  (Radins !)

- **À tes parents jamais rien tu ne diras.**
  (Bah non, pourquoi ?)

- **En cas de problème tu t'effondreras.**
  (C'est pas ma faute, c'est hormonal.)

- **Jamais comme tes parents tu ne deviendras.**
  (Argh, ce serait trop horrible.)

OUI, les auteurs savent qu'il n'y en a que neuf, mais ils trouvent que dix, dans un titre, c'est plus classe.

CONSEIL TOTALEMENT INUTILE N° 1

Ne jamais priver un ado de vacances, de sortie ou de cinéma : ça ne sert à rien et comme il reste à la maison, il vous fait encore plus chier.

Attention : bien vous mettre d'accord là-dessus avec votre conjoint car une punition est vite arrivée.

QUE RÉPONDRE À UN ADO QUAND IL VOUS DIT...

• ***Je veux sortir en semaine...***

Réponse : apporte-moi plutôt ton bulletin de notes.

• ***Je veux un piercing**...***

Réponse : moi vivante, jamais ! Tu m'entends, **JAMAIS** !

• ***Je veux un piercing...***

Réponse : hors de question sinon je viens te chercher au lycée en string avec Mamie !

Elle ne dit plus : « Je veux un piercing »... VOTRE FILLE A UN PIERCING !

Vous remerciez le ciel qu'elle n'ait pas chopé une infection.
Vous demandez à votre pharmacien/dermato/gynéco/menuisier une bonne adresse au cas où elle recommencerait.

---

*Valable aussi pour un tatouage.

- ***Je veux partir en vacances avec mon copain. Promis, on ne dormira pas dans la même chambre...***

Réponse : bien sûr, tu me le présentes avant et je vais lui dire que je tuerai toute sa famille y compris ses animaux domestiques s'il te touche... Sinon pas de problème ma chérie.
Mais j'y pense, quel membre de sa famille nous laisse-t-il en otage ?

- ***Je veux un frigidaire dans ma chambre...***

Réponse : pourquoi ? (Pour y entreposer les restes de ses parents avant de les cuire ?)

- ***De toute façon, vous êtes tous des cons...***

Réponse : surtout ne rien répondre !

CONSEIL TOTALEMENT INUTILE N° 2

Ne jamais emmener
votre ado chez vos amis,
il va tellement
vous foutre la honte
que vous allez
tous les perdre.

De toute façon, ça tombe bien,
ça l'emmerde de venir.

MOI PAS COMPRENDRE TOI

PHRASES D'ADO		TRADUCTION
Vous rentrez à quelle heure ?	→	Je vais faire l'amour dans votre lit avec mon copain.
Ça me saoule.	→	Vous me faites chier.
Ça me saoule grave !	→	Vous me faites vraiment chier.
De toute façon, vous ne comprenez rien.	→	Vous êtes trop des cons.
J'ai pas faim.	→	Je viens d'engloutir trois jambon-beurre.
Ma vie est nulle.	→	Ma vie est nulle avec vous. (Là, vous avez dû beaucoup l'emmerder.)

CONSOLONS-NOUS

Votre ado fait la gueule, beaucoup d'adultes aussi :

LA CANTINE, C'EST FINI

Votre ado préfère se priver
de manger plutôt que d'aller
à la cantine
« QUI PUE, C'EST DÉGUEU, C'EST DE LA MERDE ».

C'est pourquoi il se jette sur quatre
paquets de gâteaux en rentrant du lycée.

Comme il n'a pas pris de petit-déjeuner : imaginez !

Il préfère déjeuner chez sa grand-mère
que remettre les pieds
dans cette foutue cantine
« QUI PUE, C'EST DÉGUEU, C'EST DE LA MERDE »
et j'en passe.

SON NOUVEL AMI EST LE KEBAB !!

KEBAB TOUS LES JOURS !

Autant dire
(bien qu'il y ait des tomates dans le ketchup)
qu'on est très loin des cinq fruits
et légumes par jour* ... très, très loin même.

*Cinq fruits et légumes par jour, les fumer, peut-être, mais les manger : impossible !

LES « NE DITES JAMAIS »

NE DITES JAMAIS

Tu pues, va te laver !

DITES PLUTÔT

Papi, que tu aimes beaucoup,
vient de faire un malaise à cause de ton odeur.
S'il décède, on saura pourquoi.

NE DITES JAMAIS

As-tu fait tes devoirs ?

DITES PLUTÔT

Rends-moi la télécommande si tu ne l'utilises plus.

NE DITES JAMAIS

À table !

DITES PLUTÔT

J'imagine qu'avec tous les Pépito que tu viens
de manger, tu n'as plus faim.

NE DITES JAMAIS

Tu es habillée comme une pouffe.

DITES PLUTÔT

Ma chérie, n'oublie pas tes préservatifs.
(« Ma chérie » est optionnel, à vous de voir.)

NE DITES JAMAIS

Quand tu seras majeur.

DITES PLUTÔT

Quand tu seras chez toi.

NE DITES JAMAIS

Tu es vraiment un gros naze.

DITES PLUTÔT

Je comprends que la période de l'adolescence soit une période difficile.
D'ailleurs, moi-même, à ton âge… blablablablabla…
NON, NE DITES RIEN.

COMMENT NE PAS ROMPRE LE DIALOGUE AVEC VOTRE ADO

- Ne jamais répondre dans la même langue que lui.
- Pas la peine de hurler puisqu'il porte un casque.
- Ne pas résilier son abonnement téléphonique.
- Ne pas baisser les yeux malgré son piercing dans la lèvre (ça ne sert à rien, elle a le même dans le nombril).
- Ne pas l'enfermer à clé dans l'appartement, ni sur le balcon (ni dans le garage).
- Ne pas dire « tu es bien comme ton père », sauf si vous avez déjà divorcé de son père.
- Ne pas dire « tu es bien comme ta mère », surtout si vous parlez à votre fils.
- De manière générale, ne le comparez pas à un membre de la famille encore vivant (pas même au chien).
- Attention aux SMS traumatisants : « Réponds-moi ou je me tue. »
- Attention aux SMS traumatisants : « Réponds-moi ou je te tue. »

À QUOI SERT UN ADO ?

- À RIEN.

- À hurler « À table ! » pendant que vous mangez froid.

- À guérir du sexe.

- À changer l'heure du four deux fois par an. (Non, ça, c'est votre mari qui le fait.)

- À bien faire chier vos voisins. (Ils le méritent.)

- À ne plus jamais voir le reste de sa famille. (Et parfois ça fait plaisir.)

- À alléger votre peine quand ils s'en vont. (Tu l'as dit, bouffi.)

- À ne plus jamais s'ennuyer dans la vie ! (Ça, c'est réussi.)

- À ne jamais penser à autre chose et surtout plus à soi-même. (Quel altruisme !)

VOUS ÊTES CONVOQUÉS AU LYCÉE

Par un mail qui, par chance, n'a pas été intercepté par votre ado.

Cette convocation vous a aussi été envoyée par courrier, pneumatique, diligence, Chronopost, pigeon voyageur, aboyeur, ménestrel, mais tout a été détourné (même si vous n'avez aucune preuve) par ledit ado…

Sans nouvelles de votre part, le proviseur vous écrit :

« Madame, Monsieur,
suite aux nombreuses tentatives de vous joindre restées sans réponse, nous souhaiterions vous rencontrer dans les plus brefs délais, afin de vous parler des résultats de votre fils. »

VOUS PANIQUEZ EN VOUS DEMANDANT :
« Qu'a-t-il encore fait ? »

VOTRE MARI VOUS RÉPOND :
« Ne sois pas toujours négative, c'est peut-être pour nous dire que tout va bien. »

LÀ, SOYONS BIEN CLAIRS : ON NE CONVOQUE PAS DES PARENTS POUR LEUR DIRE QUE TOUT VA BIEN…

… MAIS POUR LEUR DIRE QUE :

- **LEUR ADO NE FOUT PLUS RIEN EN CLASSE**
(quand il vient)

- **LEUR ADO DORT EN CLASSE**
(normal, c'est son heure)

- **LEUR ADO EST NUL**
(ah bon ?)

- **LEUR ADO SERA VIRÉ À LA FIN DE L'ANNÉE**
(quelle année ?)

- **LEUR ADO SERA VIRÉ AVANT LA FIN DE L'ANNÉE**
(ah merde !)

- **LEUR ADO SERA VIRÉ AVANT LA FIN DE LA SEMAINE** (putain, déjà !)

- **LEUR ADO RÉSIDE-T-IL TOUJOURS EN FRANCE ?**

CONSEIL TOTALEMENT INUTILE N° 3

Ne jamais lui confisquer son portable : il sera injoignable, ne se réveillera plus car il l'utilise comme réveille-matin, et en plus, il aura une bonne excuse.

Ce que vous ne savez pas, c'est qu'il s'en est déjà procuré un autre… et qu'il vous arnaque.

VOUS RÊVIEZ DE SILENCE ?

EH BIEN, RÊVEZ !

Car l'ado est bruyant quand il ne dort pas.

L'ado ne ferme jamais une porte : **il la claque.** Parfois vous voulez anticiper cet horrible bruit depuis votre chambre et vous tentez un « *ne claque pas la p…* ». **Trop tard.**

Et quand on dit porte, il s'agit de **toutes** les portes : frigidaire, ascenseur, cage à oiseaux et même la porte du micro-onde quand il se souvient qu'il peut l'utiliser pour réchauffer son dîner… **à minuit !**

Seul avantage de ce BRUIT INFERNAL, CRISPANT ET INSUPPORTABLE : vous pouvez localiser votre ado dans l'appartement. Mais, avouons-le… **cela n'a aucun intérêt.**

JEU D'OBSERVATION

UNE BARRETTE DE SHIT S'EST MALENCONTREUSEMENT ÉGARÉE DANS SA CHAMBRE.

SAUREZ-VOUS LA RETROUVER ?

**NON ?
ALORS ALLEZ
CHERCHER VOTRE ADO
AU COMMISSARIAT.**

La police, elle,
a su retrouver la barrette.

QUE FAIRE SI VOUS AVEZ FOUILLÉ LA CHAMBRE DE VOTRE ADO ET QU'IL S'EN APERÇOIT ?

NIER.

Nier encore.

Prouver que vous ne faisiez que ranger sa chambre et faire son lit… **mais comment ?**

Nier toujours.

Prendre un avocat… et un bon.

Le soudoyer vilement en l'accompagnant chez Zara (Barcelone), Topshop (Londres) ou Abercrombie (NY) et l'abonner à tous leurs programmes de fidélité pour qu'il puisse y retourner sans vous.

ALERTE ROUGE – ALERTE ROUGE – ALERTE ROUGE

Si vous en avez profité pour tenter une intrusion dans son ordinateur et qu'il s'en aperçoit… nous ne pouvons plus rien pour vous.

Absolument plus rien…

TEST D'OBSERVATION

VOTRE ADO VOUS FAIT-IL LES POCHES ?

Si vous pensez :

JAMAIS : recomptez !

RAREMENT : vérifiez mieux !

PARFOIS : que signifie « parfois » pour vous ?

SOUVENT : faut pas nous prendre pour des cons, nous aussi on le faisait à son âge.

Mais au fait, où est mon porte-monnaie ?

CONSEIL TOTALEMENT INUTILE N° 4

Ne jamais confier sa carte bleue à un ado, ni pour un dépannage, ni pour gagner du temps, encore moins pour payer sa livraison de pizzas à domicile.

Idem pour votre code secret.

Si vous l'avez déjà fait :
interrompez cette lecture et faites immédiatement opposition auprès de votre banque.

Attention : l'ado sait recopier un numéro et le réutiliser sans vous le dire.

SI VOUS VOYEZ CECI SUR LA PORTE DE LA CHAMBRE DE VOTRE ADO

N'entrez plus.

Attendez cinq ans avant d'entrer.

Votre ado a vraiment des goûts de chiottes.

Votre porte est foutue, il faudra la repeindre avant de déménager.

Renforcez son français.

Cool, elle est bilingue.

Appelez les pompiers.

Incroyable, on ne voit plus du tout qu'il était gaucher.

SACHEZ DISTINGUER LE VRAI DU FAUX

Le meilleur comportement du parent est la confiance.	*FAUX*
Le meilleur comportement est la défiance.	*VRAI*
Votre ado a souvent mal aux os.	*VRAI*
Ça l'empêche de faire ses devoirs.	*FAUX*
Votre ado révise son brevet chez un ami.	*FAUX*
Votre ado teste un nouveau jeu vidéo toute la nuit.	*VRAI*
Votre ado visionne un porno chez ledit copain.	*VRAI*
Votre ado ne veut pas mettre de slip de bain homologué (dit « moule bite »).	*VRAI*
Votre ado a ses règles chaque semaine à l'heure du cours de gym.	*FAUX*
Tous les troisièmes ont 35 euros d'argent de poche par mois.	*FAUX*
Il a vendu votre collection de timbres.	*VRAI*
Le prof a dit : « Pour apprendre, une tablette c'est mieux. »	*PEUT-ÊTRE*
Le prof a dit : « Il vous faut un iPad. »	*FAUX*
Un ado ne tombe jamais malade.	*FAUX*
(Quelques numéros utiles : 17, 18.)	

Votre ado ne se masturbe jamais.	*FAUX*
Vous non plus.	*FAUX*
Sa chambre est impénétrable.	*VRAI*
Les voies du Seigneur aussi.	*VRAI*
Il n'éteint jamais les lumières.	*VRAI*
Vous êtes actionnaire d'EDF.	*FAUX*
Il sait ce qu'il fait.	*FAUX*
Vous savez ce qu'il fait.	*FAUX*
Il le fera demain.	*FAUX*
Il ne le fera jamais.	*VRAI*
Il ne veut plus partir en vacances avec vous.	*VRAI*
Il a déjà son billet pour Ibiza.	*VRAI*
Votre ado ne dort pas.	*FAUX*
Il dort en classe.	*VRAI*
Votre ado ne mange pas.	*FAUX*
Votre ado mange (le plus souvent la nuit, quand on pense qu'il dort).	*VRAI*

JEU D'OBSERVATION

VOTRE FLACON DE VERNIS EST PLANQUÉ DANS LA SALLE DE BAINS.

SAUREZ-VOUS LE RETROUVER ?

Il est là-dedans.

Elle l'a vidé sans vous le dire.

LISTE HEBDOMADAIRE DE COURSES POUR ADOS

Corn-flakes : 17 boîtes

Coca : 100 litres

Chips : 2 tonnes

Ketchup : 2 palettes

Vernis à ongles : 30 flacons

Dissolvant : 6 litres

Biscuits : 432 boîtes

Clearasil : en spray

Fenouil : ?

Haribo : 12 paquets (pour vous)

Ne plus acheter pour cause de changement brutal de goût : Pépito (reste 60 boîtes), roquefort (reste 112 portions), dindonneau (14 packs éco) (note pour plus tard : penser à les donner à une association caritative), citrons (foutus), pain aux noix (rassis), cornichons au vinaigre (garder uniquement les petits oignons).

TEST DE CONTRÔLE CONTINU

VOTRE ADO DOIT-IL CONSULTER UN PSY ?

1. Il ne dit plus ni « bonjour » ni « au revoir » ni « merci » depuis :

a - deux mois.
b - il ne l'a jamais dit.
c - son retour de fugue.
d - que vous l'avez accompagné en jogging jusqu'à la porte de son lycée.

2. Sa moyenne est en dessous de celle de sa classe de :

a - 1 point.
b - 10 points.
c - il ne va plus en classe.
d - il s'en fout, il veut être psy.

3. Il a vendu tout le mobilier de sa grand-mère :

a - petit à petit chez Broc'2000.
b - en achat immédiat sur eBay.
c - trois fois plus cher que le prix payé à son grand-père…
d - à sa prof d'histoire-géo qui adore l'Art déco.

4. Il a été renvoyé trois jours du lycée pour :

a - absences répétées.
b - absence d'intelligence.
c - absence d'habits.
d - absence de scrupules.

5. Il joue de l'argent au poker en ligne :

a - il a perdu tout l'argent des meubles de Mémé.
b - il a déjà racheté 18 % du site de jeux sur lequel il joue.
c - il va devoir déclarer ses gains sur votre feuille d'impôts.
d - il a ruiné son prof de maths dont il ignorait le pseudo.

6. Il vous parle 10 minutes de suite sans vous demander :

a - 20 euros.
b - de sortir toute la nuit avec ses potes.
c - de partir en vacances seul avec ses copains pendant trois semaines.
d - de lui laisser la maison pour fêter son anniversaire.

Vous avez une majorité de a, b, c ou d :
vous n'obtiendrez aucun RV avant son mariage car les pédopsychiatres sont archi-débordés.

VOTRE MEILLEURE AMIE AUSSI A DES ADOS

C'était génial, amies depuis la petite section de maternelle, vous avez eu vos enfants en même temps, hésité ensemble sur les mêmes prénoms (Rodolphe ou Martin, Prune ou Victoire), transpiré au même cours de Zumba pour perdre les 20 kilos accumulés à chaque grossesse (17 kilos à la première mais 26 kilos à la deuxième), parlé sans fin des couleurs du caca de vos bébés, pleuré de joie ensemble quand ils ont fait leurs premiers pas et balbutié leurs premiers mots.

Ensemble, vous avez organisé leurs anniversaires avec les fées, les clowns, les poneys et les fraises Tagada (pour vous).

Bref, vous étiez fusionnelles et c'était beau !

Maintenant, vos petits chéris sont devenus des ados. Il faut se serrer les coudes… sauf que vous n'aviez pas prévu que votre meilleure amie **N'AURAIT AUCUN PROBLÈME AVEC SES ADOS.**

Parce que LES SIENS, D'ADOS : ils travaillent bien à l'école et rentrent avant minuit des soirées quand ils daignent s'y rendre car ils préfèrent en réalité les soirées télé-pop-corn à la maison avec leurs amis, tous très polis.

PUTAIN MEEEEEERDE !

PLUSIEURS POSSIBILITÉS

- Elle ne veut pas voir la réalité en face.
- Elle vous ment… depuis trois ans.
- Elle vous ment… depuis toujours.
- Elle est psychotique.
- Elle vous en veut et elle se venge.
- Elle vous jalouse : vous êtes mariée et votre mari vous aime !
- Elle couche avec votre mari.
- Elle ne vous a jamais aimée, maintenant c'est clair !
- Elle veut se débarrasser de vous.
- Elle dit la vérité et ses ados ne sont pas en crise.

UNE SEULE SOLUTION

Ne plus jamais revoir cette CONNASSE !

LA TOUTE PREMIÈRE FOIS

Vous lui dites : « Tu sais, ma chérie, l'essentiel c'est que tu fasses l'amour avec quelqu'un que tu aimes. »

Trois possibilités
(soit beaucoup moins que le Kamasutra) :

1. Votre fille vous regarde d'un œil torve et vous rétorque :

« Bien sûr Maman, est-ce que je peux aller chez Caroline réviser le bac ? » (Ou pire, le bac de français, ou encore pire, le brevet des collèges.)
En fait, ça fait deux ans qu'elle couche avec le même garçon qui ne s'appelle pas Caroline (ni Carolin, d'ailleurs).

2. Elle est dégoûtée par votre discours et vous traite d'obsédée sexuelle.

3. Elle ne couche pas... encore, mais la felation* n'a plus de secret pour elle.

---

*Sauf son orthographe : elle ne sait pas que fellation s'écrit avec deux *l*.

CONSEIL TOTALEMENT INUTILE N° 5

Ne jamais emmener
un ado en vacances
plus de ~~deux semaines,~~
~~d'une semaine,~~
~~de quatre jours~~,
JAMAIS.

30 MILLIONS D'AMIS

PROBLÈME : en fouillant tout à fait par hasard dans l'historique de l'ordinateur de votre ado, vous êtes tombé sur le mot : **zoophilie.**

SOYONS CLAIRS :

le prof de SVT n'a pas demandé d'exposé sur la zoophilie !

Ce n'est pas au programme.

Oui, nous en sommes sûrs !

Voir chapitre sur le contrôle parental p. 79.

PUTAIN DE FER À LISSER

Adieu la pince à cheveux de la Petite Sirène, adieu les chouchous, adieu les frisettes, car aujourd'hui, demain et après-demain, l'accessoire indispensable est : **LE FER À LISSER.**

FER À LISSER : contraire du fer à friser.

Votre fille passe son temps à se lisser les cheveux pendant des heures chaque jour.

Le lissage parfait est vérifié à toute heure du matin, de l'après-midi, du soir et même avant de s'endormir.

Dans les cas les plus graves, certaines se tiennent les cheveux dans la rue afin que la mèche du dessus reste plaquée.

On en parle peu, même dans « Faites entrer l'accusé », mais priver sa fille ado de fer à lisser peut engendrer des conséquences extrêmement graves (voir Golda Meir, Margaret Thatcher ou Angela Merkel).

VOTRE ADO VEUT ALLER EN ~~PRISON~~ PENSION

Les ados sont de plus en plus nombreux à choisir la pension. Saisissez votre chance : dites-lui oui !

Imaginez comme vous l'énervez
pour qu'il préfère aller en pension.

Cessez de torturer
cet enfant :
laissez-le partir.

Et profitez de la vie !

YEAAAAAH !

QUELLE MUTUELLE POUR VOTRE ADO ?

UNE TRÈS, TRÈS BONNE.

Car l'ado a tout le temps mal quelque part !

Mal aux cheveux

Mal à l'os

Mal au dos

Mal au crâne

Mal au cœur

Mal au ventre

Mal au coude

Mal au-dessus de la lèvre

Mal dans la lèvre

Mal sous la lèvre

Mal dans le cartilage

Mal dans la veine

Mal sous la gencive (là où il y a l'appareil à 800 euros)

Mal au petit doigt

Mal au gros doigt

Et surtout :
mal dans sa peau

COMMENT VOUS VENGER DE VOTRE ADO ?

Appelez-le « chaton » en public.

Prenez votre trottinette
et passez devant la terrasse de son café
en lui faisant des bisous avec la main.

Postez sur son mur Facebook
des photos d'enfance
(zizi à l'air ou affublée d'une doudoune à fleurs)
qui lui foutront la honte.

~~Ne payez plus son abonnement mobile.~~

Portez-vous volontaire pour accueillir
un correspondant serbe.

Ne faites plus les courses
et allez au restaurant
sans lui juste en face
de votre domicile.

Dénoncez-le à son prof principal car il a triché
(n'attendez pas d'avoir des preuves).

RÉSERVÉ AUX PARENTS ENCORE EN COUPLE :
EMBRASSEZ-VOUS AVEC LA LANGUE DEVANT LUI
(cris de profond dégoût mais succès garanti. N'allez pas plus loin : risque de fugue).

ATTENTION : VOTRE ADO N'EST PAS VOTRE AMI

Évitez les concours de pets avec lui,
y compris dans un jacuzzi.

Évitez les concours de rots avec lui,
y compris pendant une cérémonie religieuse.

Évitez tous les paris en général car une victoire même exceptionnelle ou éphémère donne à l'ado un sentiment de puissance et de supériorité qui peut durablement saper votre autorité.

Évitez de jouer aux échecs avec votre ado
sauf si vous êtes certain de gagner.
Mais êtes-vous prêt à tricher pour cela ?

Évitez d'insulter la police en sa présence
même s'il vous y encourage.

Évitez de lui demander s'il est capable de siffler
toutes les bières de la table en moins de 4 minutes…
ni en moins de 40 secondes.

Évitez de repasser le bac ou le permis de conduire
en même temps que lui car les risques d'humiliation
seraient irréversibles en cas d'échec.

En bref, évitez de défier ou de provoquer votre ado car c'est un être humain comme le tigre ou la dinde et à ce titre, il est sensible, vengeur et irritable.

Mais au fait, pourquoi les ados adorent-ils lire des mangas ? Personne n'en sait rien puisque aucun adulte n'en a jamais lu. Sans doute pour le plaisir d'humilier leurs parents en faisant des choses qu'ils ne savent pas faire. Mais grâce à ce livre, cette situation ne va pas durer.

Attention de ne pas tenir le livre à l'envers sinon vous ne pourrez pas le lire du tout même en lisant chaque ligne de droite à gauche.

Si vous n'avez toujours pas compris, demandez à votre ado !

APPRENEZ À LIRE UN MANGA AUSSI BIEN QUE LUI

(LIRE PAGE DE DROITE PUIS PAGE DE GAUCHE)

Un manga se lit de gauche à droite comme un livre ~~normal~~ occidental sauf qu'il se lit à l'envers, c'est-à-dire de la dernière page à la première. Oui, c'est très chiant au début, mais après on s'y habitue.

Les Japonais adorent la France, les peintres impressionnistes, le saumon à l'oseille, le saint-marcellin, le mont Saint-Michel et même pour les plus courageux, le munster et le beaujolais nouveau, alors on leur doit bien ça.

FLEMME

État végétatif prolongé
propre à l'adolescence
et pouvant s'étendre
sur une période
allant de 3 à 33 ans
(non, rien à voir avec l'âge du Christ,
les auteurs ne font pas de politique).

COMMENT FAIRE POUR QU'IL SOUHAITE LA BONNE ANNÉE À SES GRANDS-PARENTS ?

Demandez-lui gentiment.

Non, on déconne…

Rémunérez-le.

Vous n'êtes plus à ça près (vous êtes à découvert depuis qu'il est ado).

Imitez la voix de votre ado.

Embauchez un professionnel si vous n'avez aucun don pour l'imitation.

Envoyez un SMS à sa place.

Achetez auparavant un portable à vos parents et apprenez-leur à s'en servir !

VOTRE ADO DOIT RENDRE UN EXPOSÉ

À chaque fois que vous rentrez
dans sa chambre,
votre ado vous dit :

« J'ai un exposé. »

Traduction :

il regarde des vidéos pornos
en tweetant (cul) avec ses potes.

De toute façon, il ne peut pas avoir
dix exposés à faire
dans le même trimestre.

D'ailleurs, que doit-il
exposer exactement ?

DIFFÉRENCES DE POINT DE CUL

L'ADO GARÇON est angoissé
par la taille de son pénis.

L'ADO FILLE est angoissée
par la taille de ses seins.

**LES PARENTS, EUX,
SONT ANGOISSÉS
PAR CE QUE LE GARÇON
FAIT DE SON PÉNIS
ET LA FILLE DE SES SEINS*.**

*« Entre autres », car les auteurs préfèrent passer outre certains détails, ce que nos prudes lecteurs comprendront aisément.

CONSEIL TOTALEMENT INUTILE N° 6

NE JAMAIS
ACHETER SEUL
DES VÊTEMENTS
POUR VOTRE ADO.

JAMAIS.

(Car il ne veut plus de T-shirt Pikachu, elle n'aime plus Hello Kitty et vous détestez tout ce qu'ils aiment !)

LE SMS COCHON

Elle a 14 ans et un garçon lui propose un plan **CUL** par **SMS**.

Elle vous en parle : mais pourquoiiiii… alors que vous auriez adoré ne jamais le savoir ! Pourtant, il y a tant d'autres choses que vous aimeriez savoir, mais pas ça.

Demandez-lui ce qu'elle entend par plan cul ?

Si la réponse est : « Il prend une meuf, il la baise et après il la jette comme une merde… »

Ne dites pas :

« Moi aussi, j'ai eu beaucoup de plans cul. »
(En plus, c'est faux.)

« Mais c'est quoi un plan cul ? »
(Vous passeriez pour une grosse ringarde.)

« Pourquoi pas, c'est une formidable expérience ! »
(Quoique…)

« Mais que font ses parents ? »
(C'est vraiment hors sujet sauf si ses parents tiennent un club très privé.)

Soyez pragmatique, demandez-lui la photo du garçon :

- s'il est beau, c'est foutu ;
- s'il est moche, ne dites pas : « Ah, tu comptes baiser avec Shrek ! »

Pleurez en cachette.

CONSEIL TOTALEMENT INUTILE N° 7

LES ADOS,
C'EST SYMPA
de LES AVOIR
~~*en vacances,*~~
~~*à table,*~~
~~*en voiture,*~~
~~*chez des amis*~~*,*
~~*à la campagne*~~*,*
~~*devant la télé*~~*,*
~~*en famille,*~~
~~*en week-end,*~~

EN PHOTO !

LE CODE D'HONNEUR DE L'ADO

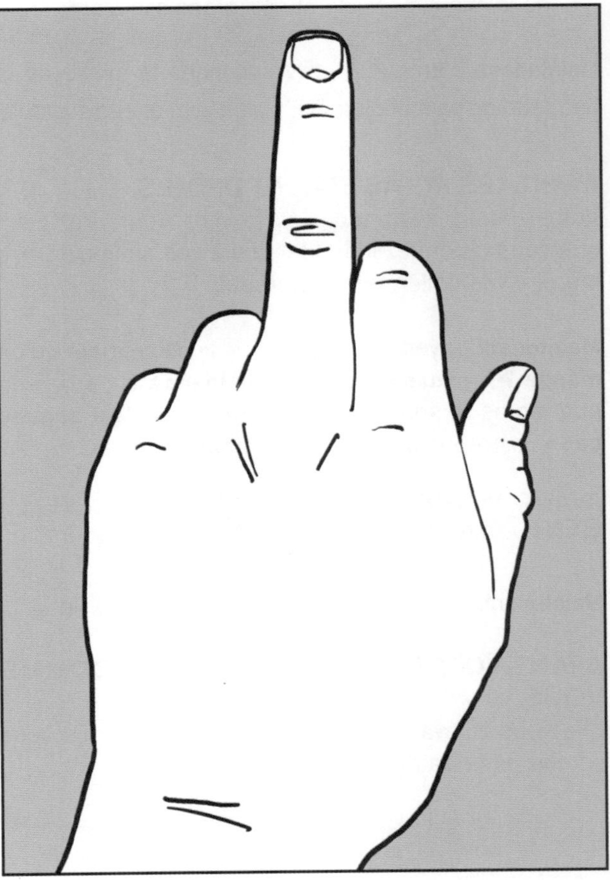

C'ÉTAIT MIEUX AVANT

AVANT, LES REPAS ÉTAIENT ÉQUILIBRÉS.
Vous en avez passé des nuits à éplucher 6 kilos de pommes de terre pour mitonner de merveilleuses soupes et à presser 4 tonnes d'agrumes afin qu'il mange le mieux possible et qu'il grandisse bien.

Maintenant, il enfourne en 2 secondes la moitié de la baguette de pain et dit qu'il n'a plus faim une fois à table.

AVANT, LES REPAS ÉTAIENT DRÔLES.
Votre enfant avait toujours le mot pour rire, celui que vous racontiez le lendemain à vos amies, à votre mère, à vos collègues de bureau.

Maintenant, avec les fameux : **« Qu'est-ce qu'on mange ? », « Quand est-ce qu'on mange ? »**, suivis du non moins fameux : **« Oh encore ! Mais c'est dégueu ça ! »**, les repas sont un cauchemar quotidien.

AVANT, VOTRE ADO VOUS TROUVAIT INTELLIGENT... même quand vous ne disiez rien.

Maintenant, il vous trouve con quoi que vous disiez.

AVANT, VOTRE FILLE VOULAIT ÊTRE COMME VOUS.
Elle vous trouvait **TROP** belle, **TROP** bien, vous vous sentiez jeune, la maman idéale.

Maintenant, vous êtes ringarde, pas drôle, vieille, alors que la mère d'Audrey est GÉNIALE, et que votre fille AURAIT TROP AIMÉ ÊTRE SA FILLE. (Mais rassurez-vous, pour Audrey, c'est vous la mère idéale.)

AVANT, VOUS ENTENDIEZ VOTRE ENFANT CHANTONNER DANS SA CHAMBRE.

Maintenant, en collant malencontreusement l'oreille sur la porte de sa chambre, vous l'entendez dire à son pote : « Tu te rends compte, Zoé [sa nouvelle copine], elle a un piercing à la ch… ! »

(Oui, c'est horrible, on compatit, même si on ne peut rien pour vous.)

Liste des avant/maintenant à compléter soi-même.

AVANT, VOTRE ADO ....
Maintenant ....

AVANT, VOTRE ADO ....
Maintenant ....

AVANT, VOTRE ADO ....
Maintenant ....

Faites-nous partager vos expériences !
Le plus créatif d'entre vous recevra une séance gratuite d'acupuncture laotienne.

COMBIEN COÛTE
UN ADO ?

2 000 euros

à

35 000 euros

Source :
monadocoutuneblindetlapeauduculreunies.gouv.fr

COMBIEN VAUT UN ADO ?

Calculs toujours en cours.

TEST DE CONNAISSANCES APPROFONDIES POUR INDIVIDUS SUSCEPTIBLES DE FRÉQUENTER UN ADO

(ET QUI NE SONT PAS SES PARENTS)

1. À quelle heure doit-on réveiller un ado ?

a - Jamais.
b - Peut-être.
c - Demain.
d - Pour quoi faire ?

2. Il sort en T-shirt le 9 janvier (température extérieure : - 3 °C). Vous lui dites* :

a - « À ce soir ? »
b - « À demain ! »
c - « Tu ne fais plus la bise avant de sortir ? »
d - « Ce T-shirt est vraiment magnifique ! »

* « J'en ai vraiment ras-le-bol de tes conneries, tu es tout le temps malade. Qui doit appeler SOS médecins en pleine nuit parce que monsieur a 40 de fièvre et n'est pas fichu de s'habiller correctement en plein hiver ? » (**Vous êtes sa mère,** les auteurs vous ont reconnue et vous rappellent que ce test de connaissances ne vous est pas destiné.)

3. Elle sort en minijupe la nuit du réveillon (- 4 °C). Vous lui dites ** **:**

a - « *Happy new year !* »
b - « Tu es belle, en quoi es-tu déguisée ? »
c - « Tu devrais peut-être mettre une paire de collants... »
d - « Prends ta bombe lacrymogène, on ne sait jamais. »

4. Elle vous dit : « Je hais ma daronne ! »

a - Vous ne savez pas ce que ça signifie.
b - Vous répondez : « Moi aussi, c'est une pute. » ***
c - Vous répondez : « Tu ne peux pas dire ça, elle s'est tant sacrifiée pour toi ! »
d - Vous répondez : « Au moins, tu sauras quoi raconter quand tu seras écrivain. »

** « J'en ai vraiment ras-le-bol de tes conneries, tu es tout le temps malade à te balader le cul à l'air et après qui doit appeler SOS médecins en pleine nuit parce que mademoiselle a 40 de fièvre ? Et tu ressembles à une pute habillée comme ça ! » (**Vous êtes son père,** les auteurs vous ont reconnu et vous rappellent que ce test de connaissances approfondies ne vous est pas non plus destiné.)

*** (Nous vous avons encore reconnu, **vous êtes le père** et vous n'avez toujours pas digéré la séparation d'avec votre ex-femme... Passez à la page suivante, ce test ne vous est toujours pas destiné, contrairement au test page 138.)

5. Peut-on tout dire à un ado ?

a - Oui, dès qu'il enlève ses écouteurs.
b - Oui, si cela ne touche ni le sexe, ni la politique, ni sa scolarité, ni la religion, ni les jeunes, ni l'argent, ni la musique (ni les cheveux, ni les vêtements, ni la mode, ni l'allemand deuxième langue, ni la sœur de son/sa meilleur[e] ami[e]).
c - Oui, si vous n'êtes ni un membre de sa famille, ni un membre du sexe opposé, ni âgé de plus de 17 ans, ni un membre de l'Éducation nationale.
d - Oui, bien sûr.****

**** Ce test ne concerne pas non plus les éducateurs sociaux.

QUE FAIRE SI VOUS SENTEZ QUE VOUS ALLEZ CÉDER AUX DEMANDES RÉPÉTÉES, INSISTANTES, PERMANENTES, PÉNIBLES, OBSESSIONNELLES, MULTIPLES, AGAÇANTES DE VOTRE ADO COMME : « JE VEUX UN CHIEN. »

Sortez tous les matins à 7 heures (car c'est vous qui, toute votre vie, **promènerez** le chien de votre ado) et surtout **promenez-vous** en vous faisant bien chier (ce qui n'a rien à voir avec le fait de faire faire caca au chien puisque vous n'en avez pas encore).

Donc **promenez-vous** à 7 heures du matin sous votre fenêtre pendant 15 minutes au moins, et renouvelez l'opération le soir à 20 heures, même par - 15 °C, sous la pluie ! Sous la neige ! Par grand vent ! Verglas ! Élection ! Grève des éboueurs !

CAR VOTRE ADO NE PROMÈNERA JAMAIS SON CHIEN SAUF LES QUINZE PREMIERS JOURS (AVEC DE LA CHANCE).

Alors, toujours envie d'un chien ?

DEVOIR DE MERDE

Si votre ado vous dit
en rentrant du lycée :

« J'ai un DM »,

ceci ne veut pas dire

« Devoir de Merde »

(même s'il le pense très fort), mais

« Devoir à faire à la Maison ».

UN DST, C'EST QUOI ?

Devoir Sous Torture

Devoir Sexuellement Transmissible

Devoir Sous Tension

(sans préparation, cela en provoque)

Devoir Sans Travail

(exactement ce qu'il a fait)

Bien sûr, la bonne réponse est :

Devoir Sur Table !

Mais il aurait de meilleures notes à un DSL : Devoir Sur Lit

(voire un DDSLAQ : Devoir Dans Son Lit Avec Quelqu'un).

VOTRE ADOLESCENT A FUGUÉ

(MAIS VOUS SAVEZ QU'IL EST PLANQUÉ CHEZ SA GRAND-MÈRE.)

N'en profitez pas pour partir en vacances avant qu'il ne revienne.

Ne faites pas croire sur Facebook que vous avez tenté de vous suicider tellement vous étiez inquiets.

Ne faites pas comme si de rien n'était quand il revient :
- lire le journal sans lever le nez ;
- prendre le thé en vous empiffrant de gâteaux et en riant bêtement avec vos amies.

Ne dites pas d'un air détaché :
- « Oh, c'est toi ! »
- « Le chien est mort de chagrin. »
- « Puisque tu es revenu, profites-en pour descendre la poubelle. »

En revanche, mettez-le au régime car il s'est gavé de cake chez Mamie.

L'ACNÉ

Désolé, on ne peut pas rire de tout*.

*Mais ce n'est pas l'envie qui nous manque.

QUE FAIRE SI VOUS SENTEZ QUE VOUS ALLEZ CÉDER AUX DEMANDES RÉPÉTÉES, INSISTANTES, PERMANENTES, PÉNIBLES, OBSESSIONNELLES, MULTIPLES, AGAÇANTES DE VOTRE ADO COMME : « JE VEUX UN PIERCING. »

Regardez bien cette image.

VU ?

COMMENT SAVOIR SI VOTRE FILLE FAIT LE MUR ?

Voici quelques indices.
(Sources : ex-KGB)

- Elle traîne en pyjama dans la cuisine après 2 heures du matin.
- Elle est très maquillée dès son réveil.
- Vos amis ont vu son sosie danser en boîte de nuit jusqu'à 5 heures.
- Elle s'enferme à clé dans sa chambre dès 17 heures.
- Son polochon ne respire plus sous ses draps.
- L'escabeau est introuvable depuis deux mois.
- Elle talque le parquet car elle trouve qu'il fait trop de bruit.
- Elle bâille à longueur de journée.
- Son frère s'est beaucoup enrichi récemment.

CONSEIL TOTALEMENT INUTILE N° 8

NE CONFIEZ JAMAIS AUCUNE RESPONSABILITÉ À UN ADO, MÊME PAS CELLE DE POSTER UNE LETTRE*.

**OH MERDE : TROP TARD, VOUS L'AVEZ FAIT !*

- Priez pour que cette lettre ne soit pas destinée aux impôts…
- En cas de relance de l'inspecteur des impôts, la lettre se trouve probablement :

- dans sa chambre. BONNE CHANCE !
- dans son carnet de correspondance (ne nous demandez pas pourquoi).
- dans son carnet de correspondance qu'il a d'ailleurs perdu (mais pourquoi ?).
- dans le caniveau (!).
- dans sa poche depuis quinze jours.
- dans sa poche avec un chewing-gum collé dessus.
- dans la poche de son pantalon qui est dans la machine à laver déjà en route (pour une fois qu'il a mis lui-même un truc à laver, c'est pas de chance).
- dans l'étui de sa raquette de tennis chez papi Georges à Menton.
- il s'en est servi comme papier de brouillon (de maths)…

DONC, NOUS LE RÉPÉTONS :

NE CONFIEZ JAMAIS AUCUNE RESPONSABILITÉ À UN ADO.

OÙ EST SA DEUXIÈME BASKET ?

Sous son lit (car il ne regarde jamais sous son lit) : vous y dénicherez aussi l'épée de Dark Vador Playmobil coincée entre deux lattes du parquet. Celle qu'il avait perdue en décembre 2001 et que vous aviez demandé à tatie Germaine de racheter au magasin de Givors qui détenait le dernier modèle disponible en Europe.

Dans le casier de la piscine (car il avait natation vendredi) : comment est-il rentré de la piscine avec une seule basket… mystère d'ado (les mystères d'ado feront l'objet d'une thèse à part entière en cours de rédaction par les auteurs dans le cadre de leur doctorat de théologie à la faculté de Lourdes).

Dans son cul ! Non, ça, c'est interdit : les auteurs vous rappellent que c'est vous l'adulte !

Au fond du placard de sa sœur : ne cherchez pas, vous ne saurez pas, ils n'avoueront jamais ce qui s'est passé. D'ailleurs, s'en souviennent-ils ? Si vous avez du temps à perdre… mais est-ce vraiment nécessaire ?

À ce stade des investigations, on est en droit de se poser LA question : a-t-il bien acheté une PAIRE de baskets ?

EFFET INDÉSIRABLE

Certes, l'ado a besoin de beaucoup d'amour. Néanmoins, évitez de lui caresser les cheveux pendant qu'il joue à *Assassin's Creed.*

Sinon, vous avez beau être le boss, vous allez subir un gros raid de hackers dans votre ordinateur.

VOTRE ADO N'A JAMAIS RIEN À S'METTRE, CAR...

Les manches sont trop courtes.
Le col gratte.
On dirait celui de Mamie.
Lucie (qui est Lucie ?) a la même.
J'ai jamais aimé le rose.
Y a pas de poche.
Y a trop de poches.
Avec ça, je vais me faire racketter.
La braguette a trop de boutons.
La fermeture Éclair se coince.
Ce n'est jamais en solde.
Ce n'est pas du vrai jean.
Ça me fait un gros cul.
Ça me fait des petits seins.
On dirait que j'ai 12 ans.
C'est salissant.
C'est trop bleu.
C'est trop noir.
C'est trop rouge.
Tu me prends pour une *biatch* ?
Ça, c'était l'an dernier !
J'ai jamais aimé les kilts.
Taupe n'est pas une couleur
(c'est à peine un animal).
La vendeuse porte le même.
Ça fait gay.
On dirait Grand-père.
Donne-moi plutôt l'argent.

QUIZZ

EST-CE QUE VOTRE ADO RISQUE UN BURN OUT*...

... si elle n'est pas sortie de sa chambre depuis 30 heures ?
Non : elle vient juste de télécharger (illégalement ?) les vingt-quatre épisodes de la nouvelle saison de *Grey's Anatomy*.

... s'il rentre de l'étude tous les soirs à 20 h 15 ?
Non : vérifiez juste la taille approximative de bonnet (95 C, D, E ?) de la nouvelle surveillante.

... s'il vient d'acheter pour 62 euros les Annales du bac dans six matières ?
Non : il vient juste de vous arnaquer de 62 euros car le frère de Dorothée les lui a toutes données. Vous venez de faire un don de 62 euros à *GTA* (non, ce n'est pas une ONG).

... s'il a les yeux cernés et ne mange plus du tout ?
Non : la nouvelle version de *FIFA 26* est juste sortie avant-hier.

... si elle a les yeux cernés et ne mange plus du tout ?
Non : elle attend juste que Sacha réponde à ses 222 derniers SMS.

---

* Crise de surmenage généralement liée à un surcroît massif de travail... donc rien à craindre pour vos ados.

QUE FAIRE SI VOUS SENTEZ QUE VOUS ALLEZ CÉDER AUX DEMANDES RÉPÉTÉES, INSISTANTES, PERMANENTES, PÉNIBLES, OBSESSIONNELLES, MULTIPLES, AGAÇANTES DE VOTRE ADO COMME : « JE VEUX UN SCOOTER. »

SCOOTER = JAMAIS DE VOTRE VIVANT !

JAMAIS

Entraînez-vous (tout haut) : « Jamais, tu m'entends, jamais ! »

Entraînez-vous ~~(toute nue au bord d'une falaise)~~ tout haut : « Jamais, tu m'entends, jamais, moi vivante, jamais ! »

Entraînez-vous tous les jours !

CHANTAGE* : L'ARME ATOMIQUE DES PARENTS

À l'ado qui hurle :

« Ce que tu fais, là, c'est trop du chantage ! »

Répondez :

« Oui, absolument. »

Pourquoi ?

Parce que ça marche !

ET C'EST SI BON !

* Le chantage, c'est mal, mais vous vous en foutez complètement.

LE CONTRÔLE PARENTAL

L'ARME DE DISSUASION LA PLUS TOTALEMENT INUTILE DANS UN MONDE D'ADOS

Mais alors, à quoi ça sert ?

À rendre heureux les ados qui vont réussir à le contourner en quelques minutes, voire quelques secondes pour les plus doués.

C'est excellent pour leur confiance en eux.

C'est pourquoi nous recommandons vivement le contrôle parental.

MON ADO EST BILINGUE
(AVEC ACCENT)

FANTASTIQUE !
Dans notre univers
multiculturel et mondialisé, c'est même
fondamental pour son avenir.

**OUI… mais non,
car mon ado
est bilingue « racaille ».**

Aujourd'hui, tous les ados, de province,
de Paris et de banlieue
sont bilingues « racaille ».

Toutes leurs phrases commencent
par « Vas-y, non mais attends,
oh non mais vas-y, c'est bon là…

J'ai trop le seum, c'est auch
avec mes remps ! »

Et cet accent…
mon Dieu, cet accent !

Pourquoi, à votre avis ?

Pour emmerder leurs parents et être incompréhensibles.
(Comme s'ils avaient besoin de ça !)

Et puis c'est si bon !

Pour respecter le mystère
de ce patois juvénile
et malgré de puissantes
pressions éditoriales,
les auteurs ont choisi
de ne pas traduire
ce savoureux dialecte.

Néanmoins,
pour nos lecteurs les plus courageux
et les plus érudits, il existe d'excellents
ouvrages spécialisés aux éditions
Salbatards & Cousins/Presses de la Téci.

MON ADO D'EXTÉRIEUR

Aïe, aïe, aïe, votre ado est invité chez un copain.

Angoisse totale, il va vous coller la honte,
il va sentir mauvais, voler,
envoyer des SMS à table…
Vous n'en dormez plus,
vous pensez déménager,
appeler la famille qui l'a invité
pour les dégoûter
de le recevoir, vous en parlez au psy,
au boucher, à la gardienne,
au cochon d'Inde en fin de vie…

STOP !

Ne paniquez pas !

Vous ne le saviez pas mais votre ado se métamorphose à l'extérieur.

Vous allez entendre :

« Mais il est tellement sympa votre fils » (ah bon ?),
« Il est si drôle » (vous devez manquer d'humour alors),
« Il est formidable, il m'a même aidée à mettre la table »
(au secours, vous allez vous scarifier si elle continue),
et (pour vous achever) elle ajoute :
« Ne vous inquiétez pas, il a fait son devoir de maths,
mon mari a vérifié ce matin. »

Et là, vous avez envie de dire :

« Gardez-le, je vous en supplie, et rendez-le-nous dans deux ans. »

L'ARNAQUE AU BOUQUET DE FLEURS

Votre ado vous offre des fleurs
alors que ce n'est ni la fête des mères,
ni votre anniversaire, ni votre oraison funèbre.

Il vous gratifie d'un sourire commercial
et vous embrasse.

NE VOUS RÉJOUISSEZ PAS TROP VITE !

VOUS ALLEZ ÊTRE VICTIME D'UNE GROSSE ARNAQUE.

Au mieux, il a eu une très mauvaise note.

Au moins pire, il redouble.

Au pire, il est viré du lycée.

Au pire du pire, il vous annonce
qu'il préfère vivre chez son père.

De toute façon, vous détestez les œillets.

LES COURRIERS DE PARENTS D'ADOS

**auxquels nous devons répondre
même s'il n'existe aucune réponse intéressante,
~~efficace~~, ~~probante~~, ~~fiable~~, ~~intelligente~~,
~~appropriée~~, ~~adaptée~~, ~~durable.~~**

Sujet : les gros mots

Question de Martine,
38 ans, de La-Roche-sur-Yon,
mère de Jéremy (14 ans) :

« J'ai failli traiter mon ado de gros naze… En fait, je l'ai vraiment fait hier… J'étais au bout du rouleau, dois-je m'excuser ? »

Notre conseil : oui, il est préférable de vous excuser et de le rassurer : dites-lui bien que vous ne pensiez pas « GROS ».

OUF !
ELLE KIFFE LES VIEUX
(DE MON ÂGE)

Si votre fille aime les hommes plus âgés qu'elle : réjouissez-vous !

- Enfin quelqu'un à qui parler pendant les repas.

- Avec un peu de chance, il ne lira pas ses textos en mangeant.

- Il ne quittera pas la table quand il n'aura plus faim.

- Il ne versera pas de coca dans son bordeaux.

- Il ne tranchera pas sa laitue avec le couteau.

- Il ne mettra pas ses coudes sur la table.

- Il ne vous enverra pas de coups de pied dans les tibias.

- Il ne ricanera pas en vous regardant par en dessous.

- Il ne vous dira pas que vous êtes encore bien pour votre âge.

ELLE TÉLÉPHONE PENDANT DES HEURES…

… à sa meilleure amie qu'elle a quittée en bas de l'immeuble à 16 h 13, et avec qui elle a rendez-vous dans 35 minutes, c'est-à-dire à 16 h 48, en bas du même immeuble.

MAIS QUE SE RACONTENT-ELLES ?

D'après Scotland Yard : des choses qu'elles ont vraiment peur d'oublier, comme : « T'as vu la gueule de Ludo quand Samantha a embrassé Victor en SVT ? »

D'après la CIA : des choses qui pourraient bien bouleverser la face du monde, comme : « T'as vu la gueule de Noémie quand elle a vu la gueule de Ludo quand il a vu que Samantha embrassait Victor en SVT ? »

D'après nous : des choses qu'elles auraient pu se dire plus tôt mais qui ne sauraient se dire plus tard, comme : « T'as vu la gueule de la prof de SVT quand elle a vu… etc. »

L'EAU PRÉCIEUSE

On vous a déjà dit
qu'on n'en parlerait pas.

L'INFIRMIÈRE DE LA DERNIÈRE CHANCE

Votre ado est à l'infirmerie : il a mal aux sinus.

Traduction : il a mal au cosinus ou à Thalès ou même à Pythagore s'il a cours de maths ; il a mal à Voltaire et à Lagarde et Michard s'il a cours de français... et ainsi de suite.

À noter
qu'une douleur au coccyx peut se décliner
dans de nombreuses matières :
orthographe, SVT ou EPS.

AVERTISSEMENT

Les psys vont détester ce livre, mais on s'en fout.

Au début, on les aimait bien, ils nous ont reçus (après deux ans d'attente), ils nous ont écoutés, parfois ils nous ont même souri... Mais une fois seuls avec nos ados, ils ont dit du mal de nous et ils nous ont même convoqués pour nous faire comprendre moyennant 80 euros (mal remboursés) qu'on avait tout merdé, qu'on était des gros nuls et qu'il ne fallait pas s'étonner d'en être arrivés là.

Pour cette somme modique, le psy n'a pas manqué de dispenser des conseils insensés tels que :

- « Pour que votre ado dorme plus tôt, retirez tous les appareils électroniques de sa chambre, éteignez son ordinateur et son portable une heure avant son heure d'endormissement*. »

- « Faites-lui faire des mouvements de gym le matin au réveil devant la lumière avant d'aller au lycée. »

- « Renouez le dialogue bien qu'il vous ait traitée de grosse morue dans la file d'attente du boucher (il aurait pu attendre d'être chez le poissonnier). »

MAIS BIEN SÛR MONSIEUR LE PSY, c'est si facile que JE TE PROPOSE DE VENIR LE FAIRE TOI-MÊME, EN VOUS REMERCIANT !

* Et sinon, c'est quand l'heure d'endormissement ?

LA FORMULE MAGIQUE : DATP (ET NON RATP)

Lorsque votre gros naze d'ado vous pose une question bien nulle du genre :

« Est-ce que je peux aller au Touquet seul avec mes potes ce week-end ? »

Dégainez la formule magique :

« Demande À Ton Père » (DATP).

C'est imparable.

Vous verrez qu'avec un peu de pratique, il vous suffira de dire « DATP ».

LES COURRIERS DE PARENTS D'ADOS

auxquels nous devons répondre même s'il n'existe aucune réponse intéressante, ~~efficace~~, ~~probante~~, ~~fiable~~, ~~intelligente~~, ~~appropriée~~, ~~adaptée~~, ~~durable~~.

Sujet : la baffe

Question de Jocelyne,
45 ans, de Guéret,
mère de Romuald (15 ans) :

« *Chaque jour, j'ai envie de mettre une grosse baffe à mon ado, suis-je normale ?* »

Notre réponse : oui tout à fait, Jocelyne, vous êtes normale, en tout cas sur ce sujet car on ne vous connaît pas en fait !

Notre conseil : COURAAAAGE et surtout ne passez pas à l'acte et résistez au mieux en mangeant des sardines. Mettez-vous également ~~au yoga~~ à la boxe, mais uniquement pour vous défendre, car ATTENTION, lui aussi a envie de vous en mettre une !

VOTRE ADO ADORE LES FILMS DE VAMPIRES. POURQUOI ?

Des créatures qui dorment toute la journée, dont le corps se transforme en se recouvrant de poils et qui sucent le sang de victimes innocentes.

Ça ne vous rappelle ~~rien~~ personne ?

LEÇON DE PSYCHOLOGIE (I)

S'il vous dit :

« De toute façon,
vous entravez que dalle. »

↓

Ne répondez pas :

« Tu n'as qu'à me parler
en français. »

MON ADO EST UN GROS NAZE : POURQUOI CE TITRE ?

Pour le trouver, les auteurs ont réalisé un sondage dans des conditions précaires, sans stylo ni cutter, auprès d'un échantillon restreint de personnes adultes non représentatif de la population française.

Question posée : *d'après vous, quel qualificatif correspond le mieux à votre ado ?*

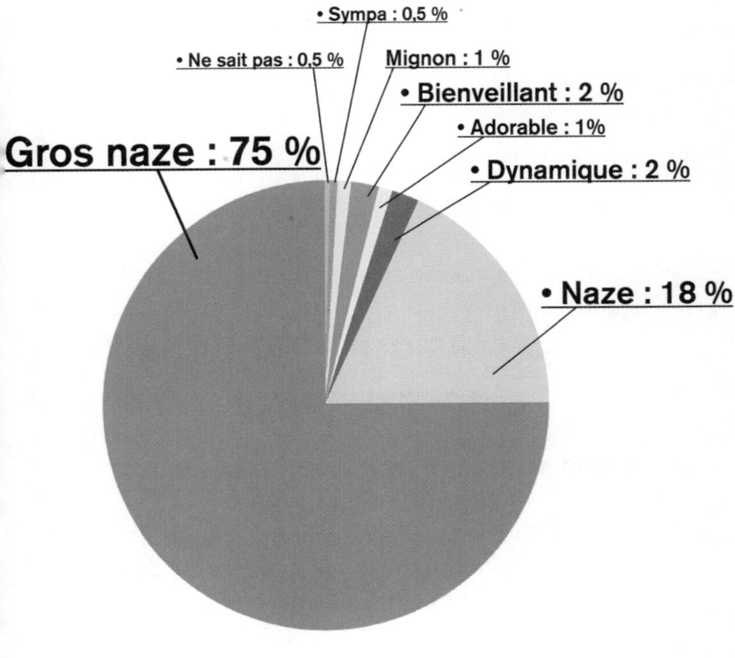

T'AS VU, J'SUIS CONNU !

VOTRE ADO VEUT ÊTRE CÉLÈBRE
et s'inscrit à une émission de téléréalité.

SI VOUS ÊTES CONTRE CETTE IDÉE,

RÉAGISSEZ VITE.

Si, pensant bien faire, vous envoyez à la production de faux témoignages l'accusant d'avoir :

- pelé son chat à 4 ans ;
- séquestré son frère dans une maison en Lego ;
- essayé de vendre sa sœur chez Ikea avec la chambre ;
- donné des biscuits pour chien à son pépé ;
- incendié votre maison en enflammant ses pets dans le jardin…

Sachez que vous venez d'en faire
LE CANDIDAT IDÉAL !

ALORS SAISISSEZ VOTRE DERNIÈRE CHANCE :
inscrivez-vous aussi !
Dites-lui que ça va être génial de participer à cette aventure ensemble. Normalement, il devrait renoncer très vite… sinon tant pis, préparez-vous à être célèbre.

ET CHEZ LES AUTRES, C'EST COMMENT ?

NOTRE ADO EST UN GROS NAZE, MAIS…

Le fils des Dumas est en prison, ça la fout mal pour le fils du (rayer la mention inutile) président du Rotary, chef de clinique, prof de français…

Béatrice, la fille de votre cousine germaine, tapinait sur le Net pour s'acheter un sac Vuitton, et en plus, c'est son beau-père qui s'en est rendu compte.

Magali Sanson-Duval a raté le permis pour la sixième fois, donc elle ne trouve pas de travail. C'était bien la peine d'avoir le bac avec « Les félicitations du jury ».

Thibault de Noirsoleil, triple champion de France universitaire avec l'équipe de rugby du lycée, vient de se fracturer la mâchoire et les deux clavicules dans sa salle de bains en s'extrayant un comédon récalcitrant debout sur un tabouret.

Alors d'accord, ça ne résout rien,
mais on se sent moins seul !

QUAND LA DOUDOUNE EST BONNE, BONNE, BONNE, BONNE

(SUR L'AIR DE LA CHANSON DE J.-J. GOLDMAN)

Votre ado ne veut plus aller au collège et vous êtes très inquiets.

Est-il victime de racket, de harcèlement, ou pire ?

Vous paniquez et vous mobilisez toute votre énergie pour aider votre enfant. En fait, il a un problème beaucoup plus grave.

Il a le plus gros problème d'un ado en hiver :

sa doudoune n'est plus à la mode cette année !

IL NE PEUT DONC ALLER NI AU COLLÈGE, NI AU LYCÉE !

IL EST PIRE QUE NU, IL EST DÉMODÉ.

OKAYYYYY ?

LES COURRIERS DE PARENTS D'ADOS

auxquels nous devons répondre même s'il n'existe aucune réponse intéressante, ~~efficace~~, ~~probante~~, ~~fiable~~, ~~intelligente~~, ~~appropriée~~, ~~adaptée~~, ~~durable~~.

Sujet : le jouet

Question de Sylvie,
39 ans, de Pontoise,
mère de Gaëlle (16 ans) :

« J'ai trouvé des menottes en velours rose dans la chambre de ma fille ! Est-ce normal ? »

Notre réponse : oui, c'est normal, rassurez-vous, elle a bon goût, elle aurait pu acheter des menottes kaki et noir imitation croco.

Notre conseil : confisquez-les afin de les tester rapidement ! Vous verrez que cela procure des sensations intéressantes, voire sympathiques. Batifoler avec votre conjoint (enfin !) mettra du piment dans votre couple et rendra toute la famille heureuse.
RASSUREZ-VOUS : si vous égarez les clés, votre fille en a gardé un double.

LES OBJETS EMPRUNTÉS QUE VOUS NE REVERREZ JAMAIS

(NON, JAMAIS, ON VOUS DIT)

- Votre crème de nuit à base de caviar et de poussière d'or (80 euros le millilitre).

- Vos collections complètes d'albums de Tintin, Astérix et Lucky Luke.
  Qu'en ont-ils fait ?

- Votre pull préféré, le bleu électrique en mohair (le même qu'Anne Sinclair), le plus cher, pas celui acheté 5 euros sur eBay.

- Votre bulletin scolaire de quatrième B (1977), celui où vous aviez eu 4/20 de moyenne en maths avec Mme Couillaire.
  C'était l'année du divorce de vos parents.
  D'ailleurs, c'est votre propre mère qui leur a donné pour se venger. De quoi ?

- Votre stylo-plume offert par votre femme lors de votre deuxième réconciliation.
  Que vont-ils en faire ?
  Ils ne savent même pas qu'il faut le remplir avec de l'encre !

- Les clés de l'appartement (tous les six mois).

- *Sticky Fingers**, édition originale et limitée (cadeau de mariage).

- Votre sac à main de marque très renommée rapporté du Maroc au péril de votre vie.
  Pourtant elle sait que c'est un faux.

- Dix-sept paires de chaussettes malencontreusement rangées dans son placard.

---

* Pour ceux qui sont encore Justin Bieber, voire Britney Spears, et sans aucun jugement de valeur de notre part, *Sticky Fingers* est un album des Rolling Stones sorti en 1971 : un monument du rock. Bref, un album culte pour les Vieux.

TÉMOIGNAGE D'UNE MÈRE NULLE EN PORNO

Il existe un site, extrêmement fréquenté par les ados, que nous avons été obligés de visiter par conscience professionnelle : Youporn©. Comme son nom ne l'indique pas, Youporn© est le plus important site pornographique gratuit du monde.

« J'ai entendu prononcer ce nom pour la première fois par mon fils lorsqu'il avait 10 ans (au secours !). Je ne me suis pas du tout inquiétée car j'ai cru qu'il s'agissait de ***regarder Youtube en mangeant du pop-corn****. En fait, pas du tout. »*

« Alors pour comprendre, barricadée dans ma salle de bains, je me suis connectée. L'angoisse m'a étreinte quand j'ai vu des femmes à très forte poitrine dans des poses… dans des poses donc, avec une ou plusieurs personnes de sexe différent ou pas. »

DU PORNO GRATUIT POUR NOS ADOS !

Si vous souhaitez vous y risquer, vous verrez des images que vous n'aviez encore jamais vues mais que peut-être vous ne souhaitiez jamais voir *(même majeur)*. Personnellement, je vous le déconseille !

Si malgré tout vous tentez l'expérience, sachez que vous recevrez longtemps des propositions très alléchantes et autres pubs malveillantes, que vous aurez beaucoup de mal à justifier auprès de votre entourage et particulièrement de votre conjoint, qui lui connaît bien Youporn© *(si si).*

Par précaution, prévoyez donc de ne pas prêter votre ordinateur dans les trois à six mois suivant l'expérience.

« Voilà, je referme mon ordi, j'espère que je saurai effacer l'historique. Il ne manquerait plus que mes enfants me prennent pour une sex addict. »

PS : pour ceux qui ne parlent pas bien anglais : **MOTHER I WOULD LIKE TO FUCK (MILF)** signifie « maman que j'aimerais bien b…».

ALORS SOYONS CLAIRS :

**quand t'es ado,
si tu ne vas pas
sur Youporn©,
t'as raté ta vie !**

LE CHANTAGE, C'EST MAL

MAIS VOUS
VOUS EN FOUTEZ
COMPLÈTEMENT.

Et même, vous adorez
quand ça marche !

INTERVIEW RATÉE D'ADO

(ET NON INTERVIEW D'ADO RATÉ)

Par souci d'équilibre du temps de parole, les auteurs ont souhaité confier la parole aux ados.
Voici, en substance, un résumé de nos 47 entretiens réalisés dans la France entière :

Comme vous pouvez le constater, les Ados n'ont répondu à aucune question sauf par quelques onomatopées qui n'éclaireront pas nos lecteurs. Pendant l'interview, ils ont envoyé et répondu à 666 SMS, ils ont regardé en ricanant une dizaine de vidéos sur Youtube, ils ont peut-être visionné une vidéo sur Youporn© sans le son donc nous n'en avons pas la preuve.
Les Ados ont jeté des regards bovins à l'intervieweur, ont eu un rictus cynique en voyant ses baskets soi-disant vintage, n'ont dit ni « au revoir », ni « merci », ni « merde » (n'avaient pas dit « bonjour ») et ont laissé en souvenir un chewing-gum collé sous le bureau et « *Fuck you* » sur le mur des toilettes. Bilingues et artistes : une magnifique génération nous tend les bras.

POURQUOI NE DOIT-ON JAMAIS FRAPPER UN ADO ?

Parce qu'il est beaucoup trop fort pour vous.

SAMEDI SOIR : 23 H 38 DIALOGUE DE SOURDS EN SMS

ADO - j'dor chez Liz, sa mère è ok

MUM - Non, tu rentres.

ADO - stp, g pas cours dmn

MUM - Non, tu rentres.

ADO - 2 h ?

MUM - Non

ADO - Allé steuplé, pr 1 foi, soi cool…

MUM - Non

ADO - c'est son birthday, après le gâteau

MUM - Quelle heure ?

ADO - 0 h

MUM - Qui te ramène ?

ADO - son père **(Tu parles c'est le frère de Liz qui la ramènera, en scooter et sans casque.)**

MUM - OK

ADO - merci, t génial, j'tdr, pa la peine 2 m'attendre **(Elle se foutrait pas un peu de ma gueule ?)**

PROMESSES ~~D'IVROGNES~~ D'ADOS

JE L'AURAI AVEC MENTION.

❄

JE NE FUME PLUS DEPUIS NOËL.

❄

JE TRAVAILLERAI CHEZ PAPA.

❄

TOUS MES AMIS EN ONT.

❄

JE RENTRE TOUT DE SUITE.

❄

TOUT LE MONDE LE FAIT.

❄

DEMAIN.

❄

SI, J'ÉCOUTE !

❄

J'Y JOUE PAS,
LA NOUVELLE PS EST NULLE.

❄

JE NE SORS PLUS PENDANT
UN MOIS.

❄

JE NE REGARDE PLUS
DU TOUT LA TÉLÉ.

LA NÉGOCIATION, C'EST QUOI ?

LA NÉGOCIATION, C'EST LA DERNIÈRE CHANCE AVANT LE CHANTAGE.

VOTRE ADO EST PEUT-ÊTRE UN GROS NAZE, MAIS LUI…

- Il sait réduire cette équation : (a + b) (a - b) (depuis la seconde).
- Il connaît la superficie de la Corse (depuis le CE2).
- Il sait ce qu'est un oxymore (depuis la troisième).
- Il sait pourquoi Homer Simpson est jaune (depuis la maternelle).
- Il connaît la date d'armistice de la Première Guerre mondiale (depuis la quatrième).
- Il sait retrouver votre hôtel dans sa deuxième langue (allemand ou espagnol ou russe) (depuis la seconde).
- Il sait disséquer une grenouille sans vomir (depuis la sixième).
- Il sait interpréter l'*Hymne à la joie* à la flûte à bec sans fausse note (depuis la cinquième).
- Il sait sauter une barre de 0,85 m sans se faire un claquage musculaire (depuis longtemps).
- Il sait comment les bonobos apaisent leurs tensions sociales (depuis toujours).

LEÇON DE PSYCHOLOGIE (II)

S'il vous dit :

« Il n'y a que les notes qui vous intéressent. »

↓

Ne répondez pas :

« Non, il y a les appréciations aussi ! »

L'ADO
EST INVIVABLE

Mais nous le comprenons :
mettons-nous 2 secondes à sa place :
cheveux gras, acné, gros cul, mue,
appareil dentaire…

**C'est vrai que vu comme ça…
ce n'est pas évident, évident !**

QUE FAIRE QUAND VOTRE ADO S'EST FAIT LARGUER ?

RIEN !

Et surtout pas :

- **En rire**

- **En pleurer**

- **Dire :**
  « Une de perdue, dix de retrouvées. »
  « Une de perdue, dix potes de retrouvés. »

- **Dédramatiser**

- **Chantonner (même en cachette)**

- **Ni dire :**
  « Maman va te faire les crêpes que tu aimes tant. »
  « De toute façon, elle avait un gros cul. »
  « De toute façon, personne ne l'aimait. »
  « Heureusement que Maman ne lui avait pas encore donné la bague de Mémé. »
  « C'est con, elle faisait bien la mousse au chocolat. »
  « Alors avec qui tu vas partir pour Noël ? »
  « Et elle l'a rencontré où ce fameux Kevin ? »

QUE FAIRE SI VOUS SENTEZ QUE VOUS ALLEZ CÉDER AUX DEMANDES RÉPÉTÉES, INSISTANTES, PERMANENTES, PÉNIBLES, OBSESSIONNELLES, MULTIPLES, AGAÇANTES DE VOTRE ADO COMME...

« JE VEUX SORTIR EN SEMAINE. »

Relisez bien son dernier bulletin scolaire et spécifiquement les appréciations des professeurs :

« Dors en classe. »

« Semble absent. »

« Retards injustifiés : douze en un mois ! »

DONC NON !

JEU DES 7 ERREURS SELON L'ADO, DONC JEU DES 15 ERREURS

Le propre de l'ado étant d'être souvent dans l'exagération !

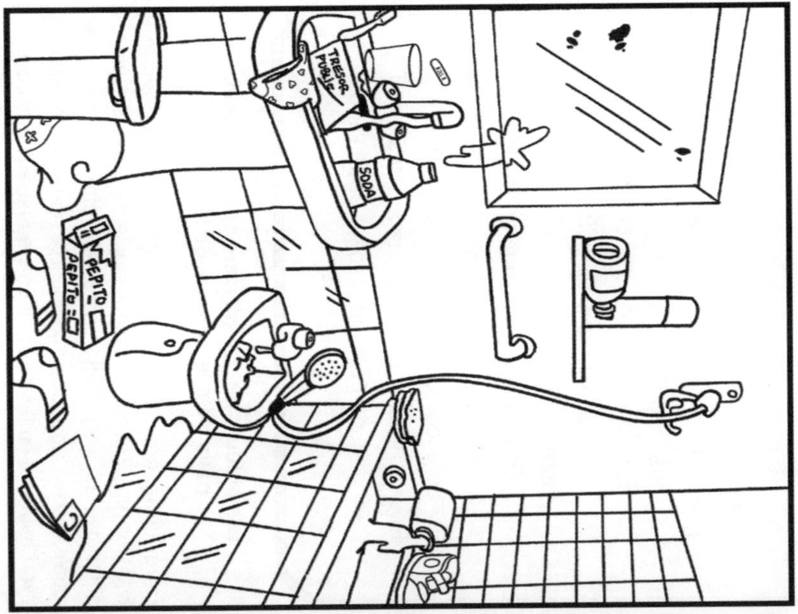

Solutions : serviette par terre en boule - Paquet de Pépito vide par terre - Eau partout - Tartine de confiture sur le bord de la baignoire - Slip - Chaussettes sales - Shampoing renversé qui se déverse dans la baignoire - Pommeau de douche qui pend - Brosse à dents à côté du verre à dents - Trace non identifiée mais suspecte : crachat, bouton éclaté ou... (voir Youporn© p.102) - Lettre pour le Trésor public qu'il a oubliée depuis trois semaines (voir p.72) - Une basket sur le bord de la baignoire - Un pansement collé au-dessus du lavabo - Flacon renversé - Bouteille de soda presque vide dans le lavabo.

MON ADO, DIEU ET MOI

(PETITE PRIÈRE)

Seigneur, faites qu'il rentre à l'heure
Mon Dieu, protégez sa sœur
Que les repas redeviennent des galas
Que les bulletins ne me tombent plus des mains
Faites que la crise ne dure qu'un jour
Qu'il m'aime à nouveau et pour toujours
Seigneur, faites qu'il lâche ses SMS
Et qu'il arrête de mater des fesses
Éloignez-le du porno
Faites qu'il ralentisse sur les Pépito
Et même si je dis non au chien
Au scooter et aux gros seins
Seigneur, donnez-moi votre soutien
Pour qu'il reparle dans la langue des siens
Au nom du père, de la mère et de l'ado

Les auteurs ne garantissent pas le résultat, mais c'est le principe de la prière !

En revanche, nous déconseillons cette prière en famille et avant les repas. Ce sont déjà des moments assez compliqués, inutile d'en rajouter. Cette prière peut être faite seul et en couple, le soir ou le matin, et pourquoi pas dans sa salle de bains, à voix haute ou en pensée et même en faisant le marché.

QUELLE EST
LA DIFFÉRENCE ENTRE
LA NÉGOCIATION
ET LE CHANTAGE ?

AVEC LE CHANTAGE,
LES PARENTS
GAGNENT
À TOUS LES COUPS.

LA NÉGOCIATION ET LE CYCLE DE LA VIE

Exemple de négociation

Votre ado ne veut plus manger à la cantine.

Votre négo avec lui est limpide :
« OK, tu ne manges
plus à la cantine
un jour par semaine. »

Réponse de l'ado à la négo : il est d'accord pour un jour sans cantine (et il est même possible qu'il vous remercie de votre gratitude et vous sourit, voire qu'il soit aimable avec vous le soir même).

Fin du mois : vous payez la facture de la cantine avec un jour en moins, tout est normal jusque-là.

Après enquête
ou suite à une dénonciation
(meilleure amie, gardienne,
prof, teinturier) :

**vous réalisez
que votre ado a mangé
tous les jours dehors**

(voire vous apprenez
en même temps
qu'il a séché les cours).

Dommage collatéral :
il manquait 50 euros
dans votre porte-monnaie,
c'est normal puisqu'il fallait
bien que votre ado
paye ses repas à l'extérieur

(se reporter p. 29, « Votre ado vous fait-t-il les poches ? »).

Cherchez le kebab...

QUE FAIRE SI VOUS SENTEZ QUE VOUS ALLEZ CÉDER AUX DEMANDES RÉPÉTÉES, INSISTANTES, PERMANENTES, PÉNIBLES, OBSESSIONNELLES, MULTIPLES, AGAÇANTES DE VOTRE ADO COMME...

« JE VEUX VIVRE TOUT SEUL DANS UN STUDIO. »

Attention !
Soyez très vigilant,
celle-ci est la plus tentante.

Pourvu que vous ne sentiez
même pas 1 seconde
que vous allez céder à cette demande
– tellement séduisante il est vrai –
parce que là, nous savons
**que vous seriez capable
de dire oui pour enfin
avoir la paix !**

MAIS NON !

Vous aimez votre ado,
même si ce n'est pas évident
du premier coup !

DONC NON !

BONS À DÉCOUPER POUR UN CHANTAGE

BON À DÉCOUPER POUR UN CHANTAGE
Vider la poubelle contre une sortie avec les potes.

BON À DÉCOUPER POUR UN CHANTAGE
Remplir le lave-vaisselle contre une sortie avec les potes.

BON À DÉCOUPER POUR UN CHANTAGE
Ranger sa chambre contre une sortie avec les potes.

BON À DÉCOUPER POUR UN CHANTAGE
Une bonne note* contre une sortie avec les potes.

BON À DÉCOUPER POUR UN CHANTAGE
Remplir le lave-vaisselle contre une sortie avec les potes.

BON À DÉCOUPER POUR UN CHANTAGE
Ranger sa chambre contre une sortie avec les potes.

BON À DÉCOUPER POUR UN CHANTAGE
Vider la poubelle contre une sortie avec les potes.

BON À DÉCOUPER POUR UN CHANTAGE
Remplir le lave-vaisselle contre une sortie avec les potes.

Vous pouvez photocopier ces bons

En effet, les auteurs sont conscients que huit bons pour une moyenne de quatre ans de crise d'ado ne seront pas suffisants. Les auteurs sont heureux de vous y autoriser, car pour l'avoir testé eux-mêmes, ils savent très bien que cela fonctionne !

---

* Hors EPS, FLÛTE À BEC, ARTS PLASTIQUES et autres matières qui ne comptent pas pour le passage dans la classe supérieure.

ATELIER LOISIRS CRÉATIFS

CRÉEZ VOUS-MÊME VOS PROPRES BONS DE CHANTAGE

- 1 feuille de papier
- 1 crayon
- Des stabilos
- 1 double décimètre
- Papier Canson
- Papier millimétré
- 1 paire de ciseaux
- 1 tube de colle
- 1000 gommettes…

… ou un ordinateur (!)

Trouvez une idée de chantage comprenant :

Votre souhait

+

Un désir d'ado

Votre souhait est en général quelque chose que vous demandez souvent et que vous n'obtenez jamais ou très rarement ou en hurlant, voire en menaçant, voire en arrachant vos vêtements.

Un désir d'ado : prenez des choses simples souhaitées par l'ado. **Bien sûr, il est hors de question de choisir CE QUE VOUS NE VOULEZ ABSOLUMENT PAS !** (Se référer aux demandes d'ado, p. 65, 70, 77, 116, 124.)

Présentez l'ensemble, en couleur, en noir et blanc, en français, évitez tout ce qui est rébus, charade, équation…

Et voilà ! C'est facile et ça ne coûte pas cher !

Pour les plus créatifs, n'hésitez pas à personnaliser vos bons.

Photo d'identité de votre ado,
dessin de cœur, de LOL…
Message personnel…

Exemple de BON SOPHISTIQUÉ

Bon à découper pour un chantage

Ranger sa chambre
contre une sortie avec les potes.

CITATIONS ANONYMES

« J'avais tellement peur d'affronter seule sa crise d'ado que j'ai renoncé à divorcer. »

« Où y a de l'ado, y a pas de plaisir. »

« L'ado aime ses parents surtout quand ils ne sont pas là. »

« Il faut bien que jeunesse se casse. »

UN ADO N'A JAMAIS D'ARGENT SUR LUI QUAND IL EST AVEC VOUS

POURQUOI ?

POURQUOI ?

POURQUOI ?

POURQUOI ?

POURQUOI ?

POURQUOI ?

POURQUOI ?

POURQUOI ?

POURQUOI ?

LA NÉGOCIATION, C'EST QUOI ?

C'EST CE QU'ON PENSE FAIRE EN SORTANT DE CHEZ LE PSY…

… ET QUI NE FONCTIONNE PLUS DU TOUT UNE FOIS EN FACE DE SON ADO.

SERVICE
APRÈS-VENTE
MON ADO EST
UN GROS NAZE

LES AUTEURS
SONT HEUREUX
DE VOUS PROPOSER
EN CAS DE BESOIN :

UN ATELIER CHANTAGE.

N'HÉSITEZ PAS
À VOUS INSCRIRE
LORS DES SÉANCES
DE DÉDICACES.

TOUTES LES INFORMATIONS UTILES
VOUS SERONT DIVULGUÉES
À CE MOMENT-LÀ.

EXEMPLE DE BONNE NÉGO POUR UN PARENT AVEC UN ADO…

? ? ? ?

? ?

? ?

? ? ?

?

? ?

Les auteurs cherchent encore un exemple et reviendront vers vous s'ils trouvent (et on va pas se la raconter, c'est pas gagné du tout… du tout…).

ÉCOLE PRIVÉE OU ÉCOLE PUBLIQUE ?

Voici notre contribution décisive à ce débat d'intérêt général qui occupera encore longtemps des générations de parents.

	ÉCOLE PRIVÉE	ÉCOLE PUBLIQUE
Avenir professionnel	***	***
Éducation sexuelle	*	****
Expériences sexuelles	*****	*
Pédagogie	**	**
Correspondante allemande	*****	*
Cantine	*	–
Réussite au bac	***	*
Réussite aux grèves	*	****
Assistante sociale	–	***

VOUS ÊTES CÉLIBATAIRE ET SOUHAITEZ LE RESTER

FACILE !

Présentez votre nouvel amoureux à votre ado.

92,6 %*

de chance de le faire fuir.

*Sondage effectué en ligne sur le site spécialisé : www.jaiunadomaismaviedefemmenestpasmortepourautant.com

OBSESSION

PASSE TON BAC MAIS RANGE TA CHAMBRE D'ABORD.

Alors qu'il vient d'apprendre le fameux :

« Va, cours, vole et nous venge »,

extrait du *Cid* de Corneille.

Tentez donc un :

« Va, cours, vole, nous venge et range ta chambre. »

Même si ça ne sert à rien,
ça fait du bien !

TEST ULTIME

VOTRE ADO ~~EST-IL GUÉRI~~ EST-IL DEVENU (ENFIN) ADULTE ?

1. Votre ado débarrasse la table.	Oui	Non
2. Votre ado dit « merci ».	Oui	Non
3. Votre ado dit « bonjour ».	Oui	Non
4. Votre ado sort la poubelle.	Oui	Non
5. Votre ado met son linge sale dans le panier à linge.	Oui	Non
6. Votre ado fait son lit.	Oui	Non
7. Votre ado se maquille en moins d'une heure.	Oui	Non
8. Votre ado porte ses pantalons à la taille.	Oui	Non
9. Votre ado mange à table.	Oui	Non
10. Votre canapé est vide (aucun ado n'y est affalé).	Oui	Non
11. Votre ado vous présente à ses amis.	Oui	Non

Vous avez obtenu plus de cinq « oui » : votre enfant ~~est guéri~~ n'est plus un ado. BRAVO, c'est la fête, vous avez survécu à son adolescence.

Vous allez pouvoir reprendre une vie normale : macramé, sudoku, vol à la tire, voyage dans l'espace… sauf si vous êtes l'heureux propriétaire d'un deuxième spécimen de moins de 18 ans. Auquel cas… il ne vous reste plus qu'à relire ce livre depuis le début !

Suite à la parution de ce guide, de nombreux lecteurs nous ont demandé pourquoi les ados adoptaient ce type de comportement incompréhensible ; en résumé – nous citons ici nos lecteurs – pourquoi les ados sont-ils **VRAIMENT** de gros nazes ?

Nous tenons à vous rassurer : nous n'en savons absolument rien.

Même si les auteurs peuvent se targuer d'avoir élevé de l'ado, du vrai, du pur, du dur, et pas plus tard qu'hier, à l'ère de la conquête du cosmos et du lifting sans chirurgie, le comportement de l'ado reste un mystère insondable.

Si des scientifiques parmi notre lectorat souhaitent approfondir ce sujet, nous tenons à leur disposition les radiographies, scanners, carnets de correspondance, DST et DM de nos propres adolescents afin de faire progresser la recherche mondiale.

Bien cordialement,

les auteurs

Remerciements

Merci à nos premiers lecteurs :
Yaël, Sylvie, Roméo, Nathan, Nathalie,
Marie, Diane, Corinne, Betty.

Merci à Caroline et Laurence
pour leurs bons conseils !

Merci à nos adocolocataires.
On vous aime !

Merci à Domitille et à Muriel Tallandier.

Spécial Laurent Storck :
merci à Caroline, copropriétaire
de nos ados.

Spécial Silvia Kahn :
merci à Maman de m'avoir supportée
pendant ma crise d'ado, et à Papa de m'avoir aidée
à supporter Maman pendant cette même période.
Et c'était pas de la tarte !
Merci cher coauteur pour ta confiance,
les rigolades et les entrecôtes frites.

Première édition – Septembre 2014

Achevé d'imprimer en juillet 2014
en Espagne par EDELVIVES

Dépôt légal : septembre 2014